소리 없이 운다는 건

숨 막히는 사랑이다

국립중앙도서관 출판시도서목록(CIP)

그래, 그래도 사는거다 : 이석 시집 / 지은이: 이석. --
대전 : 오늘의문학사, 2014
p. ; cm. -- (오늘의문학시인선 ; 341)

표제관련정보: 소리없이 운다는 건 숨막히는 사랑이다
ISBN 978-89-5669-641-6 03810 : ₩8000

한국 현대시[韓國現代詩]

811.7-KDC5
895.715-DDC21 CIP2014027614

오늘의문학시인선 341

그래, 그래도 사는거다

이석 시집

오늘의문학사

|서시|

늘
그렇게
꽃은 피었다 지고

늘
그렇게
사랑은 왔다 가고

늘
그렇게
술잔 속은
고독한데

그냥
세월은 가네

차례

1

• 서시

죽은 시인의 노래

2

수선화 노랗게 물들이던

3

바보

■ 작품해설

죽은 시인의 노래

갈증

자유를 날던 새는
궂은 날 구멍을 찾는다
지 몸 하나 들어 구속당하고 싶은
자유로부터

자유를 걷던 나도
궂은 날 구멍을 찾는다
영혼 하나 취해 구속당하고 싶은
계집으로부터

비가
오는 것도 안 오는 것도 아닌
만성위염 자리마다
절정으로 치닫는
꽃비암 신음소리

송진

늘 푸르렀다고 생각했는데
늘 정갈했다고 생각했는데
넘들이야 늘어지든
머리끝에서 머리끝까지 낯설음으로
늘 기대만치 냉정하게 흔들렸는데

하늘도 기억하고
바람도 기억하고
내 속도 기억하겠지

발끝까지 내려도
욕정의 화석

외투

창틀에 누워있던 붉은 산
먹빛 바람 속으로 진다

숨죽이며 기다리던
검은 산이 사방에서 일어나고

공허한 웅얼거림이
머리끝을 잡아 챈다

더듬거리며 외투를 챙긴다
긴 밤길 에워싸야 할

낡은 외투 한 벌

검은 강

검은 강은 빗소리에도 흐느낀다

언 가슴에 죽은 고기를 품고
깊은 침묵의 시간을 건너 왔을

그대 인연의 파열 사이로
더운 피가 새어나오면

멀지 않아
가슴 갈라지고

아무일 없는 세월을 또
무심히 흐를 것이다

지금 검은 강은
겨울비에 흐느낀다

웃음소리

사진 속 소녀의 웃음소리가
바래졌다

바라보던 소년의 웃음 소리도
바래진다

세월의 빛 속에서
웃음소리가 불꽃으로 떠다니고

빈 들녘으로 독한 외로움 뿌려가며
저문 그림자가 걸어간다

한기

타버린 연탄재 무덤과
타버린 연탄재 무덤 사이로
가슴 속 무덤의 봉분이
하늘을 잃어간다

들락거리는 날선 한기 속에서
남아있을 온기를 쪼아보는
허름한 그림자

지상의 온기는 먼지가 되고
먼지 사이를 헤매이는 누추한 고독

하얗게 또 허물 하나를 벗는다

보리

밟혀라 푸른 심장아
밟혀라 시퍼런 청춘아

강물은 아직도 침묵하고
강변 넋 나간 억새는 칼 춤 추어도

시커먼 언 땅에서
일어서는 여린 보리야

가슴 펄펄 끓어 넘치고
보리떼 툭툭 터지는 날

네 심장의 푸른 피는
기억하리라

누운자리의 시린 추억을

하루

누군가에게는 시작일 수 있는
누군가에게는 마지막일 수 있는
황홀한 하루가 지고 있다

선홍빛 저 처연한 노을을
기억할 수 있을까

신발

비가 오면 빗길을
눈이 오면 눈길을 들락거리며
빛바랜 허물로
적당히 삭아버린 몸뚱아리로
어느 대지의 살점 머금은 채
흐물흐물 황홀한 교태를 부린다

바람 분다고
꽃바람 분다고
그 길 뛰어보자고

가장 낮은 곳에서
가장 허접하게 뒹굴던
거무튀튀한 이백육십오밀리
같이 가야할 살아있는 내 관짝.

죽은 시인의 노래

웅크렸던 자리에
봄볕이 든다
어김없이 미친 바람과
아직은 덜 깬 짐승이 일어나고
묵은 땅에 윤기가 돈다

후둑후둑 단조의 강이 흐르고

그립다는 것은
찢어지는 가슴의 울림

그깟 그림자 하나 지워진 자리에
음흉스런 세월만 솟아나고

서걱이는 죽은 잎 소리에서
못다 부른 고독한 노래를 듣는다

낙원

사랑이 넘쳐 지천으로 흐르고
술잔이 환희의 노래로 채워지고
시들한 쾌락에 투정하면서
화려함이 더 화려함에게
행복이 더 행복에게
비굴한 살을 부벼대는
눈물 나게 아름다운 세상을 꿈꾸며

해 지는 들판에서
굶주린 승냥이로
피 흘리며 짖어대는
내 눈부신 낙원에 불을 지른다

시인의 낙원은 술잔 속의 눈물이다

고독

용기 있는 바람이 문을 두드립니다.

지금 아니면 영원히 고독할까봐
참혹히 썩어가는 침묵을 볼까봐
썩어 흔적 없이 사라진다면
가식의 말들이 후회할까봐

지금 아니면 두드린대도 소용 없겠지요

용기 있는 바람으로 문을 엽니다
썩지 않을 만큼만 바람이나 쐬다
가식의 말들이 조금만 후회할 수 있도록

지금 내 침묵의 문을 조금만 열겠습니다

하얀 밤 별의 언덕에
침묵의 흔적 남기겠습니다.

말이 강으로 갔다

성공한 말은 서울로 달린다

윤기 흘리며
거침없이 순한 군중 속으로
위대한 광대의 피를 수혈하고
거룩한 달을 등진 말의 자태는
정해진 족보의 명마로
하늘을 날았다

하늘을 보는 것도 허용되지 않은

등 굽은
이웃도 외면한 채
달도 없는 어둔 하늘 등지고
어슥하게 죽어가는 강물 위를
질기게 흘러간다

절뚝거리는 말은 그렇게 적막한 강으로 갔다

나무

나무 의자에 앉았다
자세를 잡고 못질을 한다
균형을 잃지 않으려 신경이 쓰였다

한 몸 이대로 불을 지른다

어느 울창한 숲에 됨직한 고목으로
풍성한 잎사귀 정신없이 흔들어대며
바람 앞에 당당히 서 있다가

사지가 해체되기 전까지는
실한 나무이여야 했고
됨직한 나무였기에
누군가의 의자가 되었고

다시
숲으로 갈 수 있었다

봄

너는 절대 혼자 오지 않는다

애간장을 녹이는 여린 것들과
영혼을 뒤흔드는 격정과
가슴을 후벼 파는 설레임까지

너는 혼자 오지 않았다

온 몸을 불사르며
빈 대지는 벌써 아우성이다

너는 절대 혼자 오지 않았다
가장 깊숙한 순수까지
네 눈물 속에 담고 있었다

애

하늘이 열어주는 만큼은
가슴을 열어두고 싶다

새털구름 자리든 먹구름 자리든
그 자리 지워 낸 날은
그냥 푸른 하늘로 열려

그가 머금었을 진자리
그가 흘려야 했을 눈물자리
마디마디 아린 자리들

가슴 열어 주워 담고
하늘 열어 쓸어안고

하늘이 열린 날 만큼은
가슴도 열어두고 싶다

꽃

꽃은
눈부시게 피어나던 것도
허망히 지는 것도 아니었다

잠시
화사한 열정으로 피었다가
절망의 눈물 속으로 사그라지던
내가 있었을 뿐

지독한 사랑

그득했던 술병이 비어간다
지독한 너로 내 속을 채워간다
비어버린 그가 말짱히 바라본다
만취한 놈은 빈 병 속으로 숨는다

외면

주전자의 물이 끓는다
뜨거운 통곡이 바닥에 흐른다
흐르는 얼룩이 안쓰럽다
흉한 화상으로 화석이 되어 간다

참 아프다

새벽

신열에 들뜬 별자리에서
밤새 아린 눈물이 진다
은밀한 숲으로
바람이 눕고
눈부신 가슴이 열렸다
땅의 문이 열리고
시리도록 여린 별의 눈물이
해맑게 일어난다

새싹

거침없이 야물던 심장이
문드러지지 않고서야

이 찬란한 새롬을 볼 수 있겠는가

눈부신 청춘을 넘기고서야
너덜대는 심장에서 일어서는
찬란한 축복에
눈물 나게 고맙습니다.

잔잔히 봄비 내리는 아침

적막하던 심장으로

새 풀의 요란한 기척이
새 아침의 진한 향기가
미끄러지는 새 잎의 이슬이
벌써 터질 듯한 기운으로
거침없는 강으로 가자 하는데

굽어가는 일상으로
무기력해진 숭한 내 그림자에
가슴 저리게 분노합니다

시인의 하루

하루에 한번은 어스름 언덕에
해를 묻는다

붉디붉은 가슴으로 무심히 흐르며
절룩거리는 고독한 뒤란까지
다디단 가슴 내어주고
찬바람에 숨어드는 작은 풀섶 위에
한 줄기 사랑으로 내려 앉아
아직도 들려오는 설은 노래에
남은 가슴 쥐어짜는
어스름 언덕에서

하루에 한번은 멍들어가는
나를 묻는다

춘설

폭풍에 우악스런 바람의 시절에도
혹한에 얼어터진 고독의 시절에도
신열에 터진 가슴 끌어안고
독하게 걸어 왔는데

여리디 여린 솜털바람 앞에
가눌 길 없는 다디단 현기증과
견딜 수 없는 깊은 불덩이 가슴을

어찌 합니까

곤궁한 시절에 찾아 온
눈물 나게 아름다운 사랑 앞에
하늘길을 찾을랍니다

수선화 노랗게 물들이던

눈물안개

봄의 눈물더미에 돌을 던집니다
가슴 그득한 마알간 눈물 빛
너에게 들일 수 없어

짓물러 가는 가슴에
사무치는 아련함으로
이 화려한 봄 날
잠시 머물다 갈
한 송이 눈물 꽃으로 피어

무뎌가는 세월의 마디 건너는
흐려지는 눈물 안개 속에서
기꺼이 내 그림자를 지울랍니다

길 위에 서면 사람이 보인다

날 밝으면 끊어질 듯 이어지는
들꽃의 노래로
날 저물면 지친 날개 잠시 접는
작은 불빛의 한숨 소리로
올망졸망 그 길 따라 이어지는
우리네 가슴시린 자잘한 그림자들

해질녘 어스름 석양으로 날아가던
어미 새 그림자 길로
새벽안개 사이를 눈물 털며 날아오는
아기 새가 보인다

길 위에 서면 그렁그렁
오래된 사랑이 보인다

엄마의 뜰

봄볕 아래 어미 새가 졸고 있다
휘어진 세월 위로
하얗게 살구꽃이 흩날린다

소리 없이 운다는 건
숨 막히는 사랑이다

봄날은 간다

봄바람이 요사 떠는데
길 위에 참새 한 마리 기척이 없다
보송한 가슴털이 아직 떨고 있는데
궁한 시절이래도
한 치 뱃골도 채우지 못해
지친 날개 짓을 멈춰 버렸나
속없이 꽃잎은 눈부시게 터지는데
같은 하늘 밑에서 죽음을 묻는 것은
손톱 밑에 가시를 박는 것
또 한 번의 봄날은 간다.

순정

눈부시게 고운 봄날 하루만
함 뼘도 가리지 말고 솔직해지자

뽀얀 속살 드러내놓고
오롯한 사랑 나눌 수 있다면
깊어가는 묵은 상처
기꺼이 나눌 수 있다면

가릴 수 없는 눈부신 사랑 앞에
죽음까지 나눌 수 있다면

수선화 노랗게 물들이던

서산에 지고 있는 노을이
죽어가는 대지에
마지막 봄날을 파종한다

휘어진 허리 사이로
눈부신 봄비가 내리고
푸석한 가슴으로
애틋한 단내가 번져간다

으스러지는 이 가슴에
파종할 봄날은 얼마나 남아 있나

엄마의 눈에 아직도 봄비가 고여 있었다

깊어가는 봄밤에는
속을 열지 마십시요
설은 눈물 한 방울에
봄이 떨어집니다

피

사랑 한 줌 받지 못하고도
항시 먼저 일어나
일찍 뽑혀버리는
못난 대궁

지금도 어느 하늘 아래
야물게 사지 뜯겨 가며
당당히 맞서는
징그러운 숙명.

청춘아

사월에 내리는 비는 가슴으로 머금어라

자분자분 들길 돌아
애린 네가 가슴으로 파고든다

머금은 가슴 자리마다
신열이 돋고

연분홍 현기증이
봄밤을 혼절시키면

물안개 그득한 새벽 들길에
아찔하게 일어서는 풀꽃

모질게 시린 청춘아

낫술

만취한 바람 앞에 온 산이 뒤집힌다
애가 타던 하늘에서 봄비가 어설프고
젖어가는 가슴으로 못다 핀 꽃잎 펴 붓는다
이 아찔한 능욕 앞에서는
넋을 놓고 취해본다

향기 없는 꽃

가슴에 묻어버린 사랑에
불 지른다

타버린 잔해 쓸어 담다
타지 못한 눈물 한 방울
귀한 햇살 양지에 묻어 두고

차마 돌아 앉아
향기 없는 꽃만 그린다

눈부시게 화려한 늦가을 오후

겨울은 이미 유출되고 있었다

이유 모른 채 듬성듬성 고운 넋
가파른 절벽 끝으로 헝클어지고

무게도 없이 다가오는 한기가
자꾸 말라가는 어깨를 누른다

아스라이 걸어 왔던 길이 보인다
이유도 없이 가슴이 저린다

침묵

저물어가는 늦가을
말이 없다

남은 온기가 그리워
바위에 걸터앉다가
먼저 와 앉아 있는
아직 다 물들이지 못한 단풍잎

한참을 침묵하며 물들였다

다하지 못한 얘기
다하지 못한 사랑

거친 바람 속에서 외칠 거다
실한 바람 속에서 나눌 것이다

길

바람이 춤을 춘다

붉디붉은 잎 하나
침묵으로 길을 묻는다

이제는 익숙한 길
침묵으로 일러 준다

붉은 석양 속으로
붉은 춤이 떠나 간다

침묵의 그 길 위에
안개비가 내린다

겨울 빛

험한 한파 속에서도
너는 따뜻했었다

수많은 냉담 속에서도
너는 다정했었다

진저리치는 고독과 빈곤
철저하게 냉혹한 죽음 앞에서도

너는 자상했었다
오랜 친구의 다정한 눈빛으로.

먼지

오랜 본능으로 먼지를 헤집고 자릴 튼다

먼지를 뒤집어 쓴 먼지가
먼지를 위해 낱말을 토해낸다

오래 묵어 털어 보지만
깊이 뿌옇다

어쩐가 읽는다 해도
먼지가 먼지로 보였을 뿐

바람 세찬 언덕길에서
너를 향한 벅찬 꿈을 꾼다

야문 바위의 꿈을

낙엽으로

고독의 언덕을 물들이고
가난한 사랑에 채워지고
아직 남아있는 빛으로
어두워지는 도시를 건널 수 있다면
근심으로 불어오는 바람에
기꺼이 혼 내려 놓겠습니다.

하얀 밤

삭풍 끝에서는 꽃이 핀다

혹한의 신음소리 위로
하얗게 꽃잎 흩날리고

독하게 떠나려는 그대 뒷모습이
서글피 얼어간다

아 이런 밤에는 너무 매워서
눈물 한 방울도 허용되지 않는
히디힌 절정의 순수

눈물 없는 통곡의 꽃

문을 잠그다

차가울수록 달은 밝다

달은 밝아도
문은 잠근다

시간 깊어질수록
문은 더 깊게 잠긴다

돌아 갈 곳 없는데
등 뒤에서 문은 잠긴다

이렇게 시퍼런 밤
속 깊은 강물마저
살얼음으로 하늘을 잠근다

간이역

누군가는 여기가 끝이고
누군가는 여기가 시작이다

너는 내리고
나는 오른다

하이얀 인연의 언덕 넘어가는
가녀린 꽃상여

아! 바다

외롭다고 하지 마라
슬프다고 하지 마라
이렇게 깊이 젖어있는
태안바다 앞에서는

소년의 바다도
소녀의 바다도
지독히 젖었다고

젖지 않는 게
죄인처럼
슬프지 않은 게
죄인처럼

그냥 봄비가 왔다고
슬프다고 괴롭다고
절대
하지 마라

고독한 날

웃자라 버린 니가
그림자도 없이 후들거린다

마른 새가 몸뎅일 쪼아대는데
흔한 진딧물 하나 품지 못한 잎이
허망이 떨어진다

하늘이 먹빛이다
푸석한 고독이 하늘을 올려다보고
취한 장맛비가 얼씬 거린다

바보

바보 (1)

맨 정신에도 심장이 뭉턱뭉턱 떨어지는데

바람이 불어온다고
비가 내린다고

바짓가랑이가 다 젖도록 취한다고
심장이 온통 쥐어짜는데

휘적거리는 뒷모습에
하늘도 웃고
땅도 웃고
너도 웃었다

바보 (2)

괴롭다 해서 괴로웠다
외롭다 해서 외로웠다
아프다 해서 같이 아팠다

아직 나는 괴롭고
나는 외롭고
나는 슬픈데

개망초 지천으로 흐드러지던 날
웃으면서 그는 떠나버렸다

바보 (3)

천 번을 울부짖고도
한번 웃었다고
행복이란다

천 번을 굶고도
한번 배부르다고
행복이란다

내려서지도 못하는
지긋지긋한 변방에서
하염없이 헤진 가슴팍 쓰다듬으며
행복이란다

바보 (4)

짖어대지 마라
고함치지 말라고

용하다고
대견하다고
보듬으라고

이 너부러진 가뭄의 세월에
끝도 없는 비정한 세상 위에서

어찌하면
쓰러지지 못하는

부들거리는 너에게
고함치지 말라고

바보 (5)

육십년 약정에
쉰다섯 번의 할부
너덜거리는 기기가
저문 지 애비 무덤가를 서성인다

바보 (6)

석양에 늙은 감나무가
그냥 서 있다

붉디붉은 이야기를 들었고
더운 눈물도 느꼈고
연한 사랑도 느꼈고

껍질 으스러지며 늙어간다는 것
말하지 않아도 말하고 있고
들리지 않는데 들려 왔고
울지 않는데 울고 있고

그냥 아름다웠던 것은
여기 잠시 머물렀다는 것

바보 (7)

엊저녁에는 날이 궂어
영락없이 취해
엉킨 말들이 튄다

엊저녁에 날이 궂어
영락없이 세상
엉킨 개들이 튄다

날 밝으면 세상
맑게 일어났으면

날 밝으면 사월 어린 꽃들로
온전히 피어났으면

바보 (8)

성에 차지 않는 젊음에
날 세워 긁어대다

지쳐가는 몸뎅이 곰고 터지고
깊은 상처 벌겋게 분노하다

그러다 지쳐 딱쟁이로 드러눕다

오랜 참을 수 없는 새 살 돋음에
무딘 날로 분노의 조각 떼어내다

복숭아 빛 내 늙은 새 살에
곱게 눈물 한 방울 흘린다

바보 (9)

회한의 산 언저리에서
나무 허리 긁어
아린 눈물방울 긁어 담다
헐은 거지 깡통에

느리게 솟구치는 진한 회한
날 선 손톱으로 야물게 주어 담다
빠르게 날아가는 내 청춘의 새 한 마리

나무보다 더 깊은 눈물 속으로
덜그덕 거리며 거지 깡통이 내려온다

바보 (10)

암만해도 젖겠다

그치지 않는 비바람에
몸뎅이 오므리고
숨소리 죽여 가며
자분자분 피했지만
억시게 달겨드는 저 바람에
온 몸 털어보고
사방을 휘둘러도
가난한 제자리
날 궂어 잃어버린
지 그림자도 기억 못하고
해 저물기 전에
암만해도 젖겠다

바보 (11)

노란 꽃 위에 노란 비가 구른다고
빨간 꽃 위에 빨간 비가 구른다고
너른 들엔 너른 비가 내린다고
골목길엔 골목비가 내린다고
어둔 도시엔 어둡게 흩날린다고
적막한 길엔 적막하게 흩날린다고

상심한 바다에는
상심한 비가 내린다 하네

바보 (12)

비가 온다

날선 침묵
미친 빛의 유혹
습한 감옥을 폐문한다

식은 두부
거친 십구점오도
군내 나는 묵은지

시계 초침이 녹아내리고
번들거리는 밤의 그림자
현란한 비상구를 찾는다

받치다 받치다
지리한 일상에 받친
독 오른 곤충 한 마리

바보 (13)

엄마이름 석자를 옹아린다
무겁다
아프다
답답하다
동네 뒷산에 묶어 둔 송아치다

큰 눈만 꿈벅이다
죽도록 순종하다
비 새는 외양간 구석에서
가슴 아프다

송아치도 날 수 있다면
동네 뒷산을 허물 수 있다면

엄마의 하늘로
날려 드리지요

가볍고
재미나고
끝없이 행복한
하늘을 유영하는 새털구름으로

바보 (14)

눈 뜨면 바람을 본다
바람에 매달린 셀 수 없는 언어를
주저리주저리 불다가 그치고 불다
상스럽거나 이쁘거나 그냥 의미 없거나

밥 먹고 똥 누듯
그 놈의 언어를 먹었으니 눠야 할 곳도 찾아야지

바람에 매달린 언어만치
바람에 매달린 수많은 사람
상스럽거나 이쁘거나 그냥 의미 없어도

말이 통하든 술이 통하든 그냥 통할리 없어도
내 속에서 숙성시킨 그 놈의 언어를 싸버린다
상스럽거나 이쁘거나 의미 없어도

눈 감으며 바람을 본다
엔간히 떨어진 셀 수 없는 언어를
죽은 서캐마냥 덕지덕지 껍데기로
무게 없이 뭉쳤다 흩어지고 뭉쳤다

별이 뜨고 바람이 죽고
빈 말도 쓰러진다

바보 (15)

돈이 없으면 많이 아는 것 마냥
아는 게 없으면 힘이 센 것 마냥
힘이 없으면 빽이 센 것 마냥
센 척 으스대다
티 하나 묻히지 않고
금세
곱게도 가시더이다

바보 (16)

해는 떠 있는데 해를 볼 수 없고
달이 떠 있는데 달을 볼 수 없는
안개가 두렵습니다

본디를 감추려는
본능을 감추려는
까닭 모를 안개가 두렵습니다

해는 지고 어둑하고
달도 지면 칠흑인데

나를 찾을 수도
너를 느낄 수도 없는
까닭 모를 허구에 두렵습니다

오늘도 지친 별 하나
창가에서 집니다

바보 (17)

요사떤다 바람이
머리채 풀어 허공에 휘날린다
뽑히고
뜯기고
부숴지고
정갈한 허공이 난리다
분해될 수 있는 모든 조각들
분해될 수 없는 모는 영혼들
낱낱이 허공에 뒤섞인다
사랑했던 기억들
미워했던 기억들
아픈 상처 조각들까지 엉크러져
지금 허공은 난리다
침묵의 시간과
침묵의 영혼과
침묵의 사지가
빗물인지 눈물인지 세차게 강으로 흐른다

세월은 그렇게 요사스럽게 흐르더라

바보 (18)

푸른 들녘 쥐어 짜보면
푸르를 거고

흐드러지는 붉은 꽃잎 짜보면
붉을 것이다

지금 먹빛 하늘
분명 먹빛일 거고

세차게 달려드는 니놈 쥐어짜면
암만해도 핏빛일겨

바보(19)

성난 바람이 으그댄다
참을 만치 참았단다

쓰린 속과
웃자라버린 들판과
마른 강물이 뒤집힌다

손톱밑에 가시가 박히고
웅웅 끝내 바람이 울어버렸다

바보 (20)

살다가 한번쯤
시원한 바람이나 되어봤나

살다가 한번쯤
이글대는 햇볕이나 되어봤나

살다가 한번쯤
세차게 내리치는 소나기가 되어봤나

아하 이 사람아
고개나 들고 밥 먹지.

■ 작품해설

시에서 감상(感傷)은 무엇인가

문학평론가 이 규 식
(한남대학교 문과대학장)

'바보' 가 노래하는 세상

일곱 번째 시집을 펴내는 이석 시인은 그간의 시집을 통하여 자신의 감수성과 서정, 세상과 인간을 향한 느낌과 하고 싶은 이야기를 열정적으로 표현해오고 있다. 서양화가로서 오랜 내공을 쌓은 조형, 색채감각을 언어구사에 접목하여 형성되는 시편들은 그러므로 독특한 인상과 여운을 준다. 지금까지 출간한 여섯 권의 시집『 학성동 연가』『내지리 가는 길』『미친 사랑의 노래』『홍양리 1678』『가끔 내 이름을 부르고 싶다』『통증』에서는 일견 산만해 보이지만 시인의 개성적인 내면과 자의식 그리고 그가 살아가는 지역에 대한 관심과 애착 등이 유연하게 때로는 강렬한 톤으로 내비치고 있다. 이러한 문학연보를 관통하는 핵심개념은 역시 사랑이다. 자신의 대한 사랑에서 출발하여 이웃으로, 살아가는 터전으로 그리고 궁극적으로 삶과 사람을 바라보는 시인의 눈길과 사유를 다양한 호흡과 언어로 형상화 시켜온 경륜을 고스란히 보여준다.

이번 시집의 말미에 수록한 「바보」 연작 시편은 그런 의미에서 이즈음 시인의 시적 감성과 관조의 단계를 솔직하게 보여주는 노작으로 읽힌다. 여기서 '바보'라는 표현은 중층적 의미를 지닌다. 외견상으로는 시인이 자신을 향하여 던지는 겸손 되고 솔직한 명명으로 읽힐 수 있지만 결국 스스로를 포함하여 세상과 사람들에게 외치는 짧지만 의미 있는 경구, 성찰, 잠언 같은 여러 역할을 해내고 있다.

암만해도 젖겠다

그치지 않는 비바람에
몸뎅이 오므리고
숨소리 죽여 가며
자분자분 피했지만
억시게 달겨드는 저 바람에
온 몸 털어보고
사방을 휘둘러도
가난한 제자리
날 궂어 잃어버린
지 그림자도 기억 못하고
해 저물기 전에
암만해도 젖겠다

— 「바보 (10)」 전부

의미심장하다. 얼핏 보면 자기비하적인 책망의 토로로도 들리겠지만 거기에는 자신과 환경, 더 넓은 범주의 대상을 향한 시인의 깊은 시선이 녹아있다. '바보'라는 개념은 이 경우 매우 중층적이다. 대체로 문학을 포함하여 예술창작에서 '바보'는 현실세계로 부터 한 발 물러난 듯한 위치에서 겸손과 자책, 세속과 담을 쌓은 은둔의 경지를 표상하는 개념으로 원용되고 있지만 이석 시인이 구사하는 '바보'는 이러한 일반적인 인식의 범위를 넘어선다. 이를테면 보다 적극적이고 더러는 도발적이기도 한 가열찬 현실의식이 거기 존재한다. 외양의 소극성은 행간에 내비치는 단단하게 단련된 감성과 의식이 힘으로 인하여 이 시집에 수록된 작품의 성격을 가늠케 하는 향도(嚮導) 역할에 충실하다. 몸뎅이, 억시게, 지 그림자 그리고 암만해도 같은 다소 변형된 어휘는 이런 의도를 충실하게 돕고 있다. 요컨대 비바람에 시달리지만 시인의 의지는 꺾이지 않고 오히려 힘을 얻는다. "날 궂어 잃어버린/ 지 그림자도 기억 못하고/ 해 저물기 전에/ 암만해도 젖겠다" 처럼 한걸음 비껴선듯한 표현 속에 담긴 내면의 열정과 표현력은 이석 시인의 시를 설명하는 단서가 된다.

시인은 어쩌면 '바보'일지 모른다. 동서양 문학사를 통하여 수많은 시인이 우중(愚衆)들로 부터 '바보', '주변인' 이라는 인식을 받아왔고 약삭빠르고 타산적인, 지극히 속물적인 부르주아 사회의 계산으로 보면 둔한 존재로 비쳤는지 모른다. 이태백, 두보가 그러했고 유럽에서도 보들레르, 네르발, 베를렌 같은 걸출한 시인들 역시 '바보', '저주받은' 시인들로 동시대 사람들로부터 경원의 대상이 되어왔다. 현실의 셈법으로 바라보는 '바보'는 사실 '현자', '선지자' 그리고 '예언자'나 '마법사'의

목소리로 현실을 관조하고 항상 보이지 않는 세상으로 나아가는 길을 제시해왔던 것이다. 풍자와 비유로, 더러는 직설적인 토로를 통하여 현실의 누추함과 비속함에 일갈하며 눈에 보이지 않은 진실의 길을 설파한 '바보' 시인들의 예지는 그리하여 시대가 흐를수록 빛난다.

돈이 없으면 많이 아는 것 마냥
아는 게 없으면 힘이 센 것 마냥
힘이 없으면 빽이 센 것 마냥
센 척 으스대다
티 하나 묻히지 않고
금세
곱게도 가시더이다

—「바보 (15)」 전부

별다른 사족이나 설명 없이도 우리는 시인이 말하고자 하는 속내를 알게 된다. 이 시집에서는 그러므로 수사법이나 상징, 비유, 현학적인 우회를 동원하지 않는 육성, 진솔한 내면토로가 주류를 이루고 있다. 독자들의 수용과 이해는 각기 다르겠지만 이즈음 우리 현대시의 난해성, 공감대 확보가 수월치 않은 개별적 내면탐색 등의 경향을 감안할 때 의미 있는 작업으로 간주된다. 이러한 경향은 이석 시인 시 창작 초기부터 지속되고 있는데 연륜과 함께 시의 분량은 짧아지고 거기에 담긴 느낌과 생각의 스펙트럼은 넓어지고 있을 이번 일곱 번째 시집에서 확인하게 되었다.

현미경으로 망원경으로 사랑을 보다

물질적으로는 넉넉해졌을지 모르지만 가슴과 정서, 인간다운 여유와 삶의 리듬에서는 더없이 궁핍해진 이즈음 시인은 사랑의 힘을 믿는다. 시를 통하여 그 확신을 구체적으로 노래하고 있다. 사랑마저 타산적이고 평정과 인내심을 잃어가는 지금 그러나 그 사랑의 가능성은 시인의 눈에 크게 비친다. 예나 지금이나 사랑은 문학의 핵심적인 주제로 꼽힌다. 시공을 초월하여 신선한 영감과 풍부한 자양분을 공급하면서 그때마다 새로운 감성과 인식을 형상화하는 문학의 원천으로 존재해 오는 것이다. 어디 문학뿐이겠는가. 모든 예술장르가 사랑이라는 젖줄에 이어지면서 인류문화사를 비옥하게 장식해 오고 있는 까닭에 사랑의 변용, 사랑을 매개로 한 예술창작의 성취는 앞으로도 여전히 무한대의 가능성을 보여주고 있다.

이석 시인의 사랑은 삶 주변의 사소한 사상(事象)에서 모티브를 얻어 예민한 감수성으로 이를 천착한다. 때로는 현미경으로 더러는 망원경의 시선으로 포착하는 사랑의 기미(機微)는 도처에서 발견된다.

고독의 언덕을 물들이고
가난한 사랑에 채워지고
아직 남아있는 빛으로
어두워지는 도시를 건널 수 있다면
근심으로 불어오는 바람에
기꺼이 혼 내려 놓겠습니다

— 「낙엽으로」 전부

시 작품 전부 인용이 가능할 만큼 이번 시집에 수록된 시편들의 분량은 짧다. 군더더기 없이 탄력적으로 전개되는 시상의 흐름에 독자들은 쉽게 동참할 수 있다. 현실적인 궁핍을 탈출할 수 있는 모티브는 사랑의 힘이다. 몰락과 소멸의 이미지를 가진 낙엽에서도 시인은 인간의 삶을 따뜻하게 비추고 그 관계를 밝혀주는 사랑의 저력을 찾아낸다. 거기에는 외형을 넘어서 본질을 향한 절대의 믿음이 있기 때문이다. 친구의 존재는 이 경우 강력한 대상이 되어 시인의 믿음에 힘을 보태주고 있다. 싸늘한 한파, 진저리 치는 고독과 빈곤 그리고 냉혹한 죽음 앞에서도 겨울 빛은 자상하고 다정한 친구의 눈빛으로 다가왔던 것이다. 그렇기 때문에 이 시집에서는 일견 관념적이고 진부해 보이는 작품 제목에서도 우리가 가지고 있는 선입견이나 고정관념의 범주를 넘어서는 시인 고유의 사유구조를 연역해 낸다. 「고독」, 「봄」, 「낙원」, 「길」, 「신발」 같은 단일명사로 구성된 여러 작품은 밋밋한 제목과 그리 길지 않은 분량이지만 내재한 시인의 정치한 감성의 숨결을 찾아볼 수 있다. 그러나 약간의 아쉬움은 남는다. 제목이 독자에게 주는 느낌과 상징성이 적지 않은데 단조로운 표제는 자칫 독자로 하여금 시의 함의를 간과하게 하지 않을까 하는 우려가 든다. 가령 「고독」 같은 작품 제목을 '침묵의 문', '침묵의 흔적'이라는 표현으로 바꿔본다면 시인이 소망하는 바 척박한 현실에서 보여주는 용기 있는 긍정의 모색이라는 시도를 더 명료하게 전달할 수 있을 것으로 생각한다. 제목 「고독」이 주는 비탄조의 심화토로나 부정적인 시각노출이 아니라 "하얀 밤 별의 언덕에/ 침묵의 흔적 남기겠습니다." 라는 의지표현이 주는 상징성이 크기 때문이다. 요컨대 허무와 고달픈 현실 한탄으로 끝날법한 감상(感傷)이 삶에 의미와 용기를 주는 새로운 기제로 작용하는 긍정적 전환이 문단 등단 20년을 앞둔 이석 시인의 작품을 통하여 구체화되고 있는 것이다.

외투 한 벌로 구두 한 켤레로

어려운 시대, 너나없이 부박하고 세속적인 정서반경 속에 살고 있는 이즈음 이석 시인이 바라보는 궁핍 속에서의 희망은 여러 채널을 통하여 구체화되고 있다. 우선 보리의 생명력을 언급한다.

> ……
> 시커먼 언 땅에서
> 일어서는 여린 보리야
>
> 가슴 펄펄 끓어 넘치고
> 보리떼 툭툭 터지는 날
>
> 네 심장의 푸른 피는
> 기억하리라
>
> 누운 자리의 시린 추억을
>
> —「보리」 부분

별다른 설명이나 첨언 없이도 읽는 분들은 이 정경을 머릿 속에 그려보며 싱싱한 보리, 겨우내 추위를 견디며 결실을 향하는 보리의 강인한 생명력에 공감할 수 있을 것이다. 이 대목에서 우리는 프랑스 상징시인 아르튀르 랭보의 「감각」 이라는 시를 떠올린다. "여름 날 파아란 저녁 무렵 나는 오솔길을 걸으리라,/ 보리에 쿡쿡 찔리며 잔풀을 내리 밟으면:/ 꿈꾸던 나도 발밑에 그 신선함 느끼리라./ 바람에 내 맨머리를 멱감기리니.// 아무 말도 않고 생각도 하지 않으리:/ 그래도 한없는 사랑이 내 영혼 속에서 솟아오르리라,/ 그리고 나는 이제 떠나가리라, 저 멀리 보헤미안처럼,/ 여인과 함께인듯 행복에 겨워 자연 속으로." 비슷한듯 하지만 두 편의 시는 보리를 매개로 하였음에도 각기 지향점을 달리한다. 이석 시인의 「보리」 에서는 가혹한 환경 속에서도 꿋꿋하게 일어서는 보리의 저항력과 생명력을 상찬하고 있고 랭보의 「감각」 에서 보리는 시인의 자유분방한 감각체계를 넓히는데 원용되면서 총체적인 일탈과 반항, 세상을 뒤엎으려는 야심만만한 도전의 한 단계에서 의미 있는 상징으로 나타난다. 1860년대 후반, 10대 소년 랭보가 시도한 시(詩)를 통한 세상의 개조는 실현되지 않았다. 천재소년의 치기어린 무모한 야망이라고 볼 수도 있겠지만 랭보 시학이 보여주는 상상력과 감수성 그리고 언어감각은 지금도 빛난다.

이석 시인의 시를 읽으며 떠오른 랭보 시학과의 연계점은 또 다른 작품 「외투」 에서도 나타난다.

나는 떠났다, 두 주먹을 찢어진 외투 주머니에 찌른채;

하도 낡아 이름뿐인 나의 외투;
하늘 아래 걸어갔다, 뮤즈여! 나는 그대의 충성스런 길동무;
오! 라! 라! 얼마나 찬란한 사랑을 나는 꿈꾸었던가!

단벌 바지에는 커다란 구멍.
— 몽상가 엄지동이, 나는 걸어가는 길가에 낟알처럼
시의 운을 뿌렸다. 내 잠자리는 큰 곰 자리.
— 별들이 하늘에서 다정히 소근소근 말을 걸고.

길섶에 앉아 나는 귀 기울였다,
이마에 맺히는 밤이슬이
활력주처럼 느껴지는, 9월의 삽상한 저녁에.

환상적인 어둠의 한 가운데서 운을 맞추며,
칠현금을 켜듯 한 발을 가슴에 가져다 대고
찢어진 구두끈을 나는 잡아당겼다!

— 아르튀르 랭보 「나의 방랑」 전부

랭보가 이 시를 쓴 시기는 1860년대 말 물질적으로는 풍요로워지기 시작하였지만 사회는 부르주아 속물근성과 배금사상이 만연하던 위선과 허영에 싸여있었다. 어린 시절부터 가출을 반복했던 조숙한 소년시인 랭보는 찢어진 구두와 낡아빠진 외투 한 벌에 의지한 채 끝없는 방랑의 길에 나선다. 풍찬노숙하는 소년에게는 바람의 구두, 바람의 외투 한 벌이 세상풍파로부터 자신을 보호해줄 유일한 장비였다. 낡고 떨어져 이미 물체감이 상실된 '이상적인' 외투는 오히려 랭보에게 아늑한 시의 원천이 될 수 있었다. 이 대목에서 이석 시인 「외투」에서 노래한 그의 외투를 대입시켜본다. 외투 한 벌로 세상의 온갖 시련과 어려움을 막을 수 있을까마는 그래도 시인은 외투를 챙긴다.

> ……
> 더듬거리며 외투를 챙긴다
> 긴 밤길 에워싸야 할
>
> 낡은 외투 한 벌
>
> —「외투」 부분

긴 밤길이 형용하는 삶의 고된 도정, 숱한 암초와 난관 앞에서 외투는 무슨 힘이 있을까. 그래도 그 외투를 입고 시인은 길을 떠난다. 랭보처럼 그 외투는 이미 의복으로서의 기능 차원을 벗어났을지 모르지만 여전히 시인에게 힘이 되어주고 시적 행로의 동반자로 남아있기 때문이다. 「신발」이라는 작품에서도 "가장 낮은 곳에서/ 가장 허접하게 뒹굴던/ 거무튀튀한 이 백육십오밀리/ 같이 가야할 살아있는 내 관짝." 이라는 마지막 연의 진술처럼 물질성을 초월한 낡은 신발과의 교감으로 시인의 감각과 감성은 잡답한 누항을 훌쩍 떠날 수 있게 되었다.

공감각의 시학

낡은 외투로 몸을 감싸고 지향하는 곳은 '사랑이 지천으로 흐르고, 술잔이 환희의 노래로 채워지고, 시들한 쾌락에 투정하면서…… 눈물나게 아름다운 세상'이다. 그러기에 먼저 '해

지는 들판에서/ 굶주린 승냥이로/ 피 흘리며 짖어대는/ 내 눈부신 낙원에 불을 지른다' 라는 과제가 안겨진다. 앞 부분 열락의 세계와 '내 눈부신 낙원'의 대비는 곧 현실사회의 극명한 대조, 이원성의 표상에 다름 아니다. 역설적인 뉘앙스로 묘사되는 '눈물나게 아름다운 세상'도 '화려함이 더 화려함에게/ 행복이 더 행복에게/ 비굴한 살을 부벼대는' 곳이다. 시인이 지향하는 곳은 어디일까. 유럽 현대시의 시조 샤를 보들레르가 추구했던 인공낙원도 그 중 하나일 수 있을 것이다. 그곳에 다다르기 위하여, 인간을 시시각각 짓누르는 시간의 무시무시한 위협으로부터 벗어나려면 보들레르는 무엇보다도 '도취'를 권유한다. 익숙한 이성, 습관처럼 몸에 배인 합리적 사고와 감성으로는 다다르기 어려운 인공낙원을 향하는 방안으로 '술, 시(詩), 미덕'에 취하도록 당부하였다. 도취를 위하여 술은 1차적이면서도 손쉬운 방책일 수 있지만 여러 부작용이 있고 시는 이상적이기는 하지만 누구에게나 가능한 것은 아니며, 미덕의 경우 그 명칭이 주는 거리감처럼 추상적이고 접근이 녹록치 않은 항목이니 결국 그만큼 낙원에 이르기는 힘든다는 반증이 된다. 이 대목에서 이석 시인은 "시인의 낙원은 술잔속의 눈물이다 -「낙원」 부분"라는 선언적 표현으로 이 작품을 마감하는데 평범하고 일견 현실도피적이기도 하지만 그 속에 오래 천착한 개성적인 감성체계를 구축한 까닭에 음미할만한 언사로 읽힌다.

늘
그렇게
꽃은 피었다 지고

늘
그렇게
사랑은 왔다 가고

늘
그렇게
술잔 속은 고독한데

늘
그렇게
세월은 가네

……

—「서시」 부분

꽃, 사랑, 술잔, 세월 이라는 각 연의 서술주체는 진부하고 새로울 것 없는 개념이다. 그러나 가장 진솔한 인간의 감수성은 대체로 현실에 뿌리내린 일반적인 개념이나 형상에 바탕을 두고 있다면 이런 요소들은 이석 시인의 시를 구성하는 기반인 웅숭깊은 감상성, 격정적이지만 종국적으로 절제력 있는 감성토로의 바탕이 되고 있는 것이다. 감상은 감각으로 인지할 수 있는 여러 요소의 병치와 교류에 토대를 둔다고 한다면 이러한 구도의 핵심은 여러 감각요소의 소통, 공존을 통하여 구체화된다. '길'에서는 춤 (시각), 침묵 (청각), 안개비 (촉각) 같은 세 가지 감각이 나란히 더러는 얽히면서 독자의 심상을

자극한다. '웃음소리' 같은 작품의 경우 웃음소리 (청각), 빛-불꽃-그림자 (시각)라는 요소의 결합으로 명징한 이미지를 구성하는 가운데 시인의 감수성은 자신의 의도하는 고유한 기량을 나타내게 된다.

대립과 병치에서 조화와 공존과 조화로

공감각이 별다른 인위적인 장치없이도 시적 메시지를 전달하는 유용한 개념이었다면 대립되는 개념의 병치, 공존 노출은 시인이 지향하는 세계관을 설명해 주는 방법론으로 원용된다. 다음 작품에서는 부정적인 개념과 긍정의 인식이 아무렇지도 않은 듯, 그러나 정밀하게 계산된 배치로 공존하고 있다.

서산에 지고 있는 노을이
죽어가는 대지에
마지막 봄날을 파종한다

휘어진 허리 사이로
눈부신 봄비가 내리고
푸석한 가슴으로
애틋한 단내가 번져간다

으스러지는 이 가슴에
파종할 봄날은 얼마나 남아 있나

— 「수선화 노랗게 물들이던」 전부

'지고 있는 노을, 휘어진 허리, 푸석한 가슴, 으스러지는 이 가슴' 같은 그룹과 '봄날, 눈부신 봄비, 애틋한 단내, 파종할 봄날'은 어휘 자체로 이항대립 관계에 있지만 이 작품 안에서는 서로의 위치를 지키면서 한데 어우러져 이루어내는 가치중립적인 역할을 구현하고 있다. 이 시집의 원형질을 이루는 감상(感傷)이라는 개념은 그간 언급한 여러 단계의 시적 형상화 도정을 거쳐 새로운 긍정의 시학을 지향하며 극단으로 치우치지 않는 균형감각의 넓은 시선을 확보하게 되었다. 감상의 물결을 헤치며, 더러 격앙과 고통의 진통을 지나 시인이 다다른 심상에서는 잔잔한 관조와 명정의 시학을 향하고 있다.

……
길 위에 서면 그렁그렁
오래된 사랑이 보인다

— 「길 위에 서면 사람이 보인다」 부분

……
눈부신 청춘을 넘기고서야
너덜대는 심장에서 일어서는
찬란한 축복에
눈물나게 고맙습니다.

— 「새싹」 부분

각기 마지막 연에서의 긍정과 화해, 대승적 포용의 심회는 깊은 여운을 준다. 사랑에 대한 믿음, 신산한 여러 과정을 지나 이슥고 당도한 '인간의 뜰'에서 비롯되는 평화와 소통의 노래가 들려온다.

봄볕 아래 어미 새가 졸고 있다
휘어진 세월 위로
하얗게 살구꽃이 흩날린다

소리 없이 운다는 건
숨 막히는 사랑이다

—「엄마의 뜰」 전부

'감상(感傷)' 은 힘이 세다

이 시집은 이석 시인의 일곱 번째 저서이기도 하지만 오랜 시 창작 활동의 경륜을 집약하는 이정표로서의 의미를 가지고 있다. 다시 말하면 등단 이후 2~3년 주기로 성실하게 펴낸 6권의 시집에서 경주하였던 여러 시적 성취 더러는 좌절의 교훈까지도 함축하여 드러내 보인다. 흡사 시선집(詩選集)의 포스를 보여주면서 이제 일곱 권의 시집 상재를 계기로 이석 시인이 지향하고 천착해야 할 시정신의 실체를 명료하게 선보인 셈이다. 현실에 단단히 발디디고 있으면서 시인은 "곤궁한 시절에 찾아온/ 눈물나게 아름다운 사랑앞에/ 하늘 길을 찾을랍니다 - 「춘설」 부분 "처럼 수줍지만 자신에 찬 고백을 하고 있다. 거침없이 포효하던 외침과 격정의 바다를 헤치며 집적한 치열한 연마와 자기모색, 관조의 경로를 거쳐 비로소 감상이 이룩할 수 있는 시적 성취와 미덕의 계단을 밟아 오르게 되었다.

우리는 이석 제7시집 『그래, 그래도 사는거다』 의 제목이 주는 격정과 패기, 저돌적인 인상에 주목하는 동시에 개별 시편을 통하여 그동안 시인이 개척해온 다양한 시적 탐색의 단계를 집약하면서 '감상'이라는 화두가 이룩한 여러 성취와 가능성을 기쁘게 확인할 수 있었다. 아울러 사회풍자, 문명비판 그리고 새로운 시대 감수성에 부응하는 변모된 자연관 같은 이석 시인의 여러 관심사에 대한 상세한 논의는 다음의 기회로 넘긴다. 끝으로 다음의 시편은 앞으로 시인이 지향할 시정신의 중요한 단서를 소략하게 보여주고 있어 눈길을 끈다.

> 신열에 들뜬 별자리에서
> 밤새 아린 눈물이 진다
> 은밀한 숲으로
> 바람이 불고
> 눈부신 가슴이 열렸다
> 땅의 문이 열리고
> 시리도록 여린 별의 눈물이
> 해맑게 일어난다
>
> —「새벽」 전부

그래, 그래도 사는거다

이석 시집

발 행 일 | 2014년 9월 30일
지 은 이 | 이석
발 행 인 | 李憲錫
발 행 처 | 오늘의문학사
출판등록 | 제55호(1993년 6월 23일)
주 소 | 대전광역시 동구 대전로 867번길 52(삼성동 한밭오피스텔 401호)
전화번호 | (042)624-2980
팩시밀리 | (042)628-2983
홈페이지 | http://www.lito77.co.kr(홈페이지)
전자우편 | hs2980@hanmail.net

공 급 처 | 한국출판협동조합
주문전화 | (070)7119-1741~2
팩시밀리 | (031)944-8234~6

ISBN 978-89-5669-641-6
값 8,000원

* 이 책은 ㈜교보문고에서 E-Book(전자책)으로 제작・판매합니다.
* 잘못 제작된 책은 바꾸어 드립니다.